AF267336

ÉLOGE

DE

LOUIS XVI,

PAR ALEXANDRE SOUMET,

EX-AUDITEUR AU CONSEIL D'ÉTAT.

Jamais tant de respect n'admit tant de pitié.

PARIS.

DE L'IMPRIMERIE DE J. GRATIOT.

1814.

ÉLOGE

DE

LOUIS XVI.

PLUSIEURS années s'étaient écoulées depuis
la mort de Jésus-Christ, et quelques uns de ses
apôtres se rassemblaient encore autour du tombeau qui ne le renfermait plus, pour y donner
des larmes à sa mémoire. Ils oubliaient sa puissance et ses miracles, afin de ne s'entretenir
que de son amour pour son peuple, de son in-
dulgence et de sa céleste résignation. Ils se ra-
contaient les souffrances du Rédempteur des
hommes, les adieux qu'il fit à sa mère au pied
de la croix, et les gémissemens dont tous les
rivages du Jourdain retentirent à l'instant du
douloureux sacrifice. J'aurais aujourd'hui besoin de l'éloquence de vos larmes, disciples

1 *

bien aimés du Sauveur ; j'en aurais besoin pour parler dignement de cette autre grande victime, de ce Fils de saint Louis, dont vingt-cinq ans de révolutions et de malheurs n'auraient qu'imparfaitement expié le trépas, s'il n'était enfin parvenu à obtenir lui-même, par ses prières, le salut de la France, sa plus douce occupation dans le ciel.

Simple narrateur des infortunes de Louis, je ne retracerai, dans mon récit, ni les causes lointaines qui les préparèrent, ni le vertige européen dont elles furent accompagnées, ni les châtimens, si voisins de nous, qui devaient les suivre. Nos Saturnales politiques se rallient à l'histoire d'un siècle entier. Les nations trop remuées par les conquêtes de Louis-le-Grand, et ne pouvant reprendre leur équilibre ; la triple majesté du diadème, de la gloire et de la religion, insultée pour la première fois aux funérailles de ce monarque ; des profanations jusqu'alors ignorées, un esprit d'inquiétude, de dérision et de nouveauté ; les rois eux-mêmes, prêtant l'oreille à des doctrines funestes, et se faisant expliquer, comme Œdipe, l'oracle qui devait les précipiter dans un abîme de malheurs ; les hommes se lassant de n'être égaux que devant Dieu; l'Europe contemplant, avec une sorte de curiosité fatale, cette nation tumultueuse qui se dévouait la première à la grande expérience de la liberté; une révolution sans exemple; les empires renouvelés; le fanatisme philosophique surpassant toutes les fureurs du fanatisme religieux; la France déchirée par les factions et défendue par l'enthousiasme; d'inconcevables systèmes; les tombeaux rouverts; l'Être suprême décrété; le sort d'une génération tout entière se confiant aux énigmes de la folie, et les demi-dieux du siècle dévorés eux-mêmes par la chimère qu'ils avaient enfantée, et mêlant leurs propres cendres aux ruines des trônes et des états : voilà de quelles images je dois écarter ma pensée, afin de n'avoir à gémir que sur un seul de nos crimes; et tous ces souvenirs, tous ces événemens sujets d'une éternelle méditation, ne seront que trop rappelés par les royales douleurs que je raconte.

Prédestiné, sans doute, à la justice et à la vertu, Louis XVI reçut le jour du plus juste et du plus vertueux des princes, de ce dauphin désiré, placé près de la royauté comme pour lui servir d'exemple, et qui ne connut

du diadème que l'obligation de s'en rendre
digne. Guidé par ce prince, et par la plus pieuse
des mères, les premières vertus de Louis XVI
furent faciles; il n'eut besoin que d'aimer : la
France le contemplait avec joie entre trois gé-
nérations de monarques, et son père, menacé
en secret d'une fin prochaine, hâtait ses leçons, afin de n'être pas surpris par la mort
avant qu'un fils semblable à lui pût nous consoler de sa perte. Le jeune prince s'aperçut de
bonne heure qu'il était l'enfant de la patrie :
on ne lui parla de la grandeur de ses destinées
que pour lui en inspirer une frayeur salutaire.
Plus d'une fois les toits de chaume furent visi-
tés par l'héritier du trône; il toucha le pain
du pauvre et la paille qui lui sert de lit, on lui
apprit à verser des pleurs, comme si l'adversité n'avait jamais dû se charger de ce soin.
On lui montra les noms des habitans du ha-
meau confondus avec le sien sur le livre où la
religion avait consacré son baptême; et lorsque
le tombeau prématuré de son père vint à s'ouvrir, lorsqu'il vit se renouveler parmi nous
les larmes qu'avait fait répandre, dans Rome,
la mort de Germanicus; lorsque son front fut
menacé de plus près par la couronne, il ne

déroba point son jeune âge à l'austérité de ses nouveaux devoirs ; il promit d'ajouter à ses vertus les vertus du prince qui n'était plus. Il sembla nous dire que le cercueil ne renfermait pas tout entier celui dont nous déplorions la perte ; il jura de nous rendre les beaux jours que nous nous étions promis, et il espéra que les Français se rassembleraient un jour pour le bénir, autour de la statue de Henri IV, comme ils s'y étaient rassemblés pour pleurer la mort de son père.

Une piété profonde se faisait remarquer entre les précieuses qualités du petit-fils de Louis XV. Hélas ! c'était la seule qu'il devait lui être permis d'exercer tout entière. Malheur aux nations qui n'accueillent qu'avec indifférence les sentimens religieux de leurs souverains ! S'il est un spectacle digne des regards du ciel, c'est celui d'un jeune prince se préparant à la puissance par l'humilité, et consacrant à de saintes méditations quelques-unes de ces heures que le bonheur du peuple n'a point encore réclamées. Ce ne sont ni des larmes ni des repentirs que Louis XVI vient répandre dans le sein de la religion ; ce ne sont pas des consolations qu'il lui demande : jeune, vertueux, paré de la gloire de sa race, futur possesseur de toutes les pompes de la monarchie, les jours de la mauvaise fortune ne sont jamais entrés dans les calculs de sa prévoyance, et l'héritage d'une couronne est tout ce qu'il aperçoit dans l'avenir. Que vient-il donc chercher au pied des autels ? il vient y dérober son âme aux piéges d'une cour voluptueuse et aux enivre-mens de la prospérité : destiné à gouverner les hommes, il veut qu'ils se réjouissent d'avance, en voyant que c'est à Dieu même qu'il cherche à confier ses premiers desseins : sa propre élé-vation l'épouvante ; il se prosterne avec joie devant le seul tribunal qui domine les trônes ; il donne un juge à celui qui ne peut avoir des accusateurs. Il sait que l'agrandissement des nations attire la foudre, quand l'injustice de leurs souverains en a été l'instrument ; et il s'environne des secours du ciel, pour sortir vainqueur des épreuves de la royauté, comme ces guerriers de la fable, qu'on voyait se re-vêtir d'une armure divine avant de s'engager dans leur plus redoutable combat.

La politique européenne réclamait alors une balance nouvelle, et tandis que la maison de Brandebourg s'agrandissait jusqu'à la Vistule, tandis que l'Angleterre s'apprêtait à recueillir dans l'Indostan l'héritage de Tipoo-Saëb, tandis que la Sémiramis du nord, d'une main jetait des fers à la Pologne, et menaçait de l'autre cette Constantinople où la grandeur romaine avait rencontré son tombeau, Louis XV forma le dessein d'opposer l'union de deux fortes puissances aux progrès de toutes ces nouvelles grandeurs. La maison de France et la maison d'Autriche pouvaient trouver, dans le mariage du dauphin avec la fille de Marie-Thérèse, le terme de trois siècles de divisions, et l'on devait voir se prêter un mutuel appui deux grands peuples d'origine commune, dont les aïeux combattirent ensemble sous les yeux d'Alexandre, et furent trouvés dignes d'être loués par César.

Le Dauphin et Marie-Antoinette touchaient à peine à leur quinzième année ; déjà penché vers le cercueil, le vieux monarque se croyait quitte envers la France en contemplant l'union qu'il allait former, et se confiait à tant de jeunesse, d'innocence et de beauté, pour appeler sur ses derniers jours, les faveurs de la protection divine. Des fêtes inconnues, des somptuosités dont les palais même de

Versailles s'étonnèrent , furent consacrées à signaler ce grand événement, et les jeunes époux , dont le bonheur n'était surpassé que par l'enthousiasme du peuple , marchèrent au temple, entre la joie et l'espérance , entre les prospérités de la terre et les bénédictions du ciel.

Jour solennel ! qui comptais la paix du monde au rang de tes promesses , union si touchante et si belle, où venait se confondre le sang des rois, d'une héroïne et des empereurs., et que Dieu lui-même semblait avoir chargée des projets de sa miséricorde ! allégresse nuptiale, encens des peuples, solennités trompeuses, pompes qu'un si grand deuil devait bientôt remplacer ! n'étiez-vous qu'un dernier effort de la destinée en faveur de la famille de nos rois ? La chute du trône devait-elle être rendue plus éclatante, par ces magnifiques dérisions de la fortune ? Et le diadème de Charlemagne et de Louis-le-Grand, ne suffisait-il pas pour parer le front de la victime ?

Les présages funestes ne se firent pas attendre, et ce grand jour en s'enfuyant fut témoin d'un horrible désastre. L'époux d'Antoinette redoubla de bienfaisance , et il ne

confiait qu'à sa céleste sœur le secret de ses
mystérieuses largesses et des larmes qu'il avait
essuyées. Henri IV ne fut plus le seul prince,
dont l'habitant des chaumières voulût garder le
souvenir ; les vieux courtisans s'effrayaient de
ne rien comprendre au langage de leur futur
souverain. « *Ne traversons pas ce champ , il*
» *n'est pas à nous ,* » disait-il un jour à ses
frères, qui suivaient avec lui la chasse du monarque. Ses mœurs étaient une satire sanglante
des dépravations de la cour, si scandaleuses
entre les dépravations. La voix de la religion
se joignait à la sienne, pour condamner cet
oubli de la pudeur, ce luxe d'incrédulité et
cette indifférence pour la vertu, qui prépare
la chute des états. « *Encore quarante jours et*
» *Ninive sera détruite*, » disait un orateur chrétien, du haut de sa chaire prophétique. Ces
paroles troublèrent le jeune prince, et à peine
fut-il salué roi de France et de Navarre, que
les yeux baignés de pleurs, il s'écria comme
Marc-Aurèle : « *Aidez mon insuffisance , ô mon*
» *Dieu ! je vais régner !*

Louis XVI n'était âgé que de vingt ans,
lorsqu'il ceignit le diadème ; et loin qu'une si
grande jeunesse alarmât la nation qu'il allait

gouverner, on ne se la rappelait que pour s'abandonner à de plus longues espérances ; son premier soin fut d'environner son trône de ces hommes recommandés par leur philantropie à la vénération des peuples ; les uns sont rappelés d'un glorieux exil, les autres retrouvent en lui cette amitié généreuse, dont son illustre père les avaient honorés. La première fois qu'il parle à son peuple, c'est pour lui annoncer un bienfait, pour le soulager d'un fardeau ; il déclare solennellement, qu'il accepte tout entier l'héritage de cette dette immense que ses aïeux avaient contractée, et qui devait lui être si funeste. Des lois barbares sont abolies, d'utiles monumens s'élèvent, l'union de la tolérance et de la piété s'accomplit, les restes de la féodalité disparaissent, l'agriculteur n'accuse plus d'ingratitude les sillons que sa charrue a tracés, la charité multiplie au loin ses retraites et ses aumônes, nos colonies refleurissent à l'ombre d'une flotte nouvelle, la Russie et la Porte, la Hollande et la Germanie, acceptent la France pour médiatrice ; on applaudit de toutes parts à la sagesse du monarque. La reconnaissance lui consacre un obélisque modeste comme lui ; et de même que le nom d'Alexandre se trouve mêlé au récit de toutes les gloires, celui de Louis XVI vient s'allier de lui-même au souvenir de toutes les vertus.

Les travaux du génie ne restèrent point étrangers à la protection du jeune roi ; les beaux-arts long-temps énervés par un voluptueux esclavage, se ressouvinrent enfin de leur origine ; l'astronomie découvrit des cieux nouveaux, les airs devinrent navigables ; éclairés par les sages conseils de Louis, de hardis physiciens traversèrent les mers, pour aller ravir d'autres secrets à la nature ; ce fut lui qui traça la route que devait suivre l'infortuné la Peyrouse ; il voulut que l'héroïque navigateur emportât sur les flots le souvenir de ses adieux, et il daigna l'entretenir avec les plus tendres émotions, des dangers de l'illustre voyage ; il ne prévoyait pas qu'il devait bientôt se briser lui-même sur de plus terribles écueils ; le peuple et l'Océan se sont montrés inexorables : le voyageur a péri loin de sa simple demeure, le monarque, devant le seuil de ses palais. Tous les deux ont été punis de s'être occupés du bonheur des hommes, et c'est dans un orage qu'ils ont disparu tous les deux.

Une grande résurrection politique venait de

s'accomplir par les secours de nos armes. L'Es-
pagne et la Pologne, Catherine et le grand
Frédéric y avaient applaudi ; mais l'Amérique
nous envoya ses opinions en échange de nos
bienfaits et de nos triomphes ; et l'exemple des
Washington et des Francklin, devait être d'au-
tant plus contagieux pour nous, que nous le
contemplions à travers les prestiges de notre
propre gloire. L'Angleterre n'avait point perdu
le souvenir de ses affronts ; et tandis qu'elle nous
privait au dehors de nos relations commer-
ciales, on ignore si dans l'intérieur de la France
de grands conspirateurs ne lui promettaient
pas l'appui de leurs complots. Cinq ans de guerre
et la création d'une marine avaient agrandi la
dette publique, et les chefs de l'église, ainsi
que les castes priviliégiés, refusaient impru-
demment de se courber sous le fardeau des
subsides. L'administration des finances devenait
un problème redoutable, que le prince ne pouvait différer de résoudre, sans s'exposer aux
plus grands périls. L'effrayante succession de
ministres, ressemblait aux yeux du peuple, à
ces signaux de détresse qu'on voit se multiplier
sur un vaisseau menacé du naufrage. Les par-
lemens, cette antique magistrature, tantôt

dans l'exil , tantôt sur les marches du trône ,
entravaient de toutes part les desseins du monarque , et ne se montraient ennemis de la
royauté, que pour en devenir plus facilement
les rivaux. Bientôt les séditions se couvrirent
du masque de la famine ; et momentanément
convoqués de toutes les parties du royaume ,
les principaux citoyens y rapportèrent avec le
regret d'une espérance déçue ,. cette vague dé-
fiance qu'un ministre déprédateur leur avait
inspirée.

« Ne consultez que les droits de l'absolu pou-
» voir, disaient à Louis XVI les hauts partisans
» de la monarchie ; osez être vainqueur avant
» que la lutte soit engagée; fermez de vos pro-
» pres mains les blessures du corps politique ;
» débiteur et créancier de lui-même, l'état ,
» quand vous l'aurez résolu, saura prompte-
» ment suffire à tous les engagemens contractés
» par l'état. On parle de vous environner des
» représentans de la nation ; gardez – vous
» d'élever le peuple à une hauteur d'où il
» pourra plus facilement vous combattre. Les
» prérogatives du trône ressemblent aux feux
» sacrés de Vesta , elles conduisent à la mort
» le prince qui n'a pas su veiller sur elle. »

C'est ainsi que des conseils rigoureux cherchaient à triompher vainement des indulgentes
résolutions du monarque.

Un roi du nord avait reconquis son sceptre
par les seuls efforts de sa maison militaire;
Louis XVI achève de se séparer de la sienne
comme d'un luxe indifférent. S'abandonnant
à de graves méditations, il cherche dans les
manuscrits de son père, et dans l'étude des
événemens écoulés, de paisibles moyens d'ajouter encore à la liberté du peuple; de ce peuple
dont on lui disait qu'il était aimé, lorsqu'on
voulait le consoler de ses peines. Il veut que
chaque opinion particulière soit appelée à dis-
cuter les grandes questions du bonheur public.
Ils s'assemblent enfin ces redoutables états gé-
néraux que le parlement avait osé réclamer,
et que le ministère avait osé promettre; ils
s'assemblent; les partis se heurtent; les amours
propres s'enflamment; de vastes conjurations
se dévoilent; Mirabeau s'élance à la tribune,
la révolution y monte avec lui. Dieu avait juré
de châtier les nations, et le nom de la France
était sorti le premier de l'urne de sa colère.

Ce fut alors que les ennemis de la royauté
s'environnèrent de sanglans satellites, et que la

France, comme une autre Egypte, se couvrit
d'une affreuse plaie. D'effrayans nomades,
pâles d'indigence et de crimes, et cherchant à
cacher sous des lambeaux l'empreinte des fers
et les flétrissures de leurs épaules demi-nues,
se pressèrent en foule vers la capitale du
monde civilisé; les grands coupables qui les
y ont appelés s'en épouvantent; les murs de
Paris se noircissent de menaces; une populace
hideuse prélude, par les chansons de la dé-
bauche, au triomphe de la férocité. Bientôt
nous la verrons emprunter son nom des nudi-
tés de la misère, nous la verrons montrer des
haillons pour preuve de sa souveraineté, et
passant de ses vils travaux à une insolente
magistrature, croire renouveler ces beaux
jours de la liberté antique, où les laboureurs
de Rome quittaient la charrue pour les fais-
ceaux, et ressaisissaient aux murs du Capitole
le glaive qui devait sauver la patrie.

Déjà les hordes conspiratrices se disputent
les prémices des massacres, et le sang dont
s'étaient rougis les créneaux de la Bastille,
trace la route qui devait les conduire jusqu'à
l'asile de nos rois. Nuit désastreuse! s'écrierait
Bossuet! nuit effroyable, où les châteaux de Ver-

2

sailles retentirent de ces sinistres paroles : *Français , sauvez la reine ! sauvez les enfans de vos rois !* C'en est fait, le trône est ébranlé, le glaive s'est approché du sang des monarques ; poursuivies par des cris de mort, les reines se sont enfuies de leur couche, et six mille soldats endormis autour de la royale demeure , ne se sont pas levés pour les défendre ! la clarté du jour a révélé le forfait ; personne ne parle de vengeance. Du haut de son palais, la fille des Césars vient elle-même saluer ce peuple dont elle a miraculeusement trompé la fureur ; le monarque donne des larmes à ceux qui ont péri, et se croit encore protégé par le ciel, qui lui a conservé son épouse et ses deux enfans. Ses ennemis l'assurent que les agitations du peuple seront facilement calmées par la présence de ses souverains ; on l'appelle dans les murs de Paris, pour qu'il y soit plus voisin du coup qu'on lui répare , et il ne s'abaisse point à soupçonner de perfidie ces démonstrations d'un faux amour. Louis XVI ne pouvait consentir à se défier des Français, parce qu'ils étaient son peuple ; les forfaits qu'il a vu commettre, *cette reine presque égorgée,* le fer plongé dans la couche royale où elle n'était plus ; *ces cris, ce sang, ces têtes suspendues aux murs même de son palais ;* et ce sénat enfin, ce sénat si paisible au milieu de tant de fureurs, rien ne peut arracher le monarque à son aveuglement sublime; rien ne peut persuader ce héros de la vertu, qu'il existe pour un roi, d'autre malheur que celui de ses sujets; il marche entouré de sa famille vers ces portes fatales qui vont se refermer sur lui; il salue presque avec un mouvement de joie, la cité où il ne sait pas qu'il doit mourir; une foule immense se précipite au-devant de son roi. Des acclamations, les dernières qu'il doit entendre, retentissent sur son passage, et des armes toutes fumantes du sang de ses défenseurs, se sont abaissées devant lui. Ce n'est pas d'un captif, c'est d'un monarque que le peuple veut triompher; ces restes d'une grandeur expirante sont un trophée de plus, et s'il environne de quelques hommages les princes qu'il vient de conquérir, ce n'est que pour ajouter à l'insolence de sa victoire.

Il serait bien injuste envers la mémoire du roi de France, de n'apercevoir qu'une condescendance pusillanime dans son admirable dévouement; doit-il être accusé de faiblesse,

2*

celui qui mourut comme Socrate , et qui vécut comme saint Louis ; doit-il être accusé de faiblesse, celui qui, poussé vers l'abîme par une épouvantable révolution , ne recula jamais devant les suites d'une action généreuse? ses vertus lui ont été fatales , mais les diadèmes s'en sont enorgueillis ; et tandis que nos repentirs sont devenus la leçon des peuples, le nom de Louis XVI plane sur tous les trônes, comme pour nous avertir de leur sainteté. Quelques uns de ses plus fidèles sujets osent s'élever contre sa magnanime imprévoyance.... Ah ! si ce pieux monarque reparaissait sur la terre pour y recommencer ses infortunes, s'il était replacé par la Providence à l'entrée de sa déplorable carrière, s'il avait encore à choisir entre les humiliations et la vengeance, entre son sang et celui d'un seul de ses sujets, nous le verrions marcher avec une égale gloire vers tous les écueils que son amour pour son peuple lui défendît d'éviter ; nous le verrions avec la même constance, la même résignation, le même oubli de ses grandeurs, soutenir la lutte d'un roi paternel, contre la perversité de son siècle, et l'aveuglement des nations; il n'essaierait pas de renvoyer à ses ennemis cette

coupe dont il aurait cependant connu l'amertume , et il ne triompherait une seconde fois
qu'en présence de l'adversité et de la mort, parce
que ce triomphe ne coûterait rien à sa clémence.

Trois ans s'étaient écoulés depuis l'appari-
tion des représentans du peuple ; ils annoncè-
rent solennellement que la France allait enfin
jouir du fruit de leurs travaux, et le monarque parut au milieu d'eux pour y accepter la
constitution nouvelle ; ce chef-d'œuvre de la
sagesse humaine fut apporté comme les livres
d'or de Minos par soixante vieillards, réputés
sages entre les Français. Louis XVI ne dis-
puta point sur les nouveaux sacrifices que son
peuple exigeait de lui ; c'était un traité de paix,
il jura d'y rester fidèle. Nos Solons modernes
s'applaudirent d'avoir reconstruit l'édifice de la
royauté, sans qu'il fût appuyé sur aucune base ;
ils déclarèrent qu'ils avaient bien mérité de la
patrie, et s'éloignèrent de ce monarque, façonné par eux, après l'avoir assis sur un trône
découvert de toutes parts , placé en face de
tous les périls, et battu par tous les orages de
l'égalité.

L'existence de la monarchie, pendant les
temps qui s'écoulèrent depuis la première constitution jusqu'à la déchéance de Louis XVI,

est une espèce de phénomène politique que la merveilleuse bonté de son âme peut seule expliquer ; menacé par toutes les passions du moment ; dépossédé de cette puissance de l'opinion qui s'était tournée contre lui ; privé des grands corps de l'état, de ces dignitaires, surveillans du peuple, et remparts de la royauté ; condamné, pour ainsi dire, à l'isolement du despotisme, parmi toutes les fureurs de l'anarchie ; ne pouvant disposer d'aucune récompense, d'aucun emploi ; ne pouvant prétendre à rattacher les citoyens à son existence, ni par les prestiges de la faveur, ni par les liens de l'espoir, ni par les souvenirs de la reconnaissance, privé même d'appeler les Français son peuple, et du droit si doux pour lui de pardonner : à quel fragile appui doit-il désormais se confier ? L'esprit de parti, cette fièvre des états, dévore la France, chaque cité, chaque village, a son foyer d'insurrection particulière ; la caste privilégiée quitte ses châteaux pour aller chercher des titres sur les frontières ; le peuple s'attache avec fureur aux émotions nouvelles dont on enivre son existence ; la révolte, le mensonge, les chimériques espérances, volent jusqu'aux extrémités du royaume avec les feuilles incendiaires, oracles de notre tumultueuse liberté; on jette au loin tous ses souvenirs; les pieuses croyances, les habitudes de quatorze siècles, ne sont plus qu'un songe, dont chacun s'empresse de se réveiller; placé entre les chefs et les satellites, entre les systèmes et les fureurs, il faut que le monarque succombe; on s'arme contre lui des faibles restes de son pouvoir; s'il veut la paix, on lui fait signer la guerre; s'il essaie de soustraire sa famille à des dangers qu'il ne redoute que pour elle, on la ramène sous les poignards; s'il cherche des alliés parmi les membres de la religion, un serment perfide les sépare de sa cause; il faut qu'il désavoue lui-même l'auguste frère qui lui rassemblait des vengeurs ; lorsqu'il parle d'assurer la fortune des citoyens, on l'oblige à remplacer l'or par ces valeurs fictives, source de désolation et de ruine; et s'il conjure les Français d'épargner le sang de leurs frères, Saint-Domingue et les glacières d'Avignon lui répondent.

De quelle admiration n'est-on pas saisi, lorsqu'on voit Louis XVI, pendant la hideuse journée du 20 juin, ouvrir lui-même ces portes que des haches sacriléges venaient d'ébranler; lorsqu'on le voit refuser noblement de souscrire à des conditions imposées par la violence;

déployer, au milieu des piques, des faux, et des hurlemens d'une multitude féroce, le même courage qu'avait montré saint Louis, captif, devant les brasiers des Sarrazins; et adresser à l'un des factieux ces magnanimes paroles : « *Jeune* » *homme, place ta main sur mon cœur, et dis* » *à ce peuple si la crainte de la mort en a pré-* » *cipité les battemens* ». Vous partagiez les périls de cette journée sinistre, vous, sa céleste sœur; vous, Élisabeth, dont l'héroïque mensonge avait appelé sur votre sein les poignards qui cherchaient la reine; on vous vit paraître dans tous les lieux où se montrait un danger : mais le ciel ne voulut point encore rappeler vers lui cet ange qu'il avait cédé pour quelques ins- tans à la terre; les prisons du temple avaient une place pour vous; vous ne deviez être séparée de Louis ni dans les palais, ni dans les cachots; vous possédiez le secret des seules félicités qui peuvent se mêler à tant d'amertume; et vous deviez mourir la dernière, afin de prier plus long-temps pour vos insatiables persécuteurs.

Une généreuse consolation restait seule à l'infortuné monarque. Les débris de ces trésors, qui servaient naguère à rehausser la splendeur du trône, étaient consacrés, par son ordre, à de pieuses charités; souvent il les distribuait

lui-même ; et lorsque toutes les autres prérogatives de la puissance lui étaient enlevées , il
croyait pouvoir prétendre encore à cette royauté
des bienfaits. Mais ses ennemis ne doivent l'absoudre d'aucune de ses vertus ; ils l'accuseront
bientôt de payer des conspirateurs, parce qu'il
soulage des infortunés : les dons sacrés de la
bienfaisance seront chargés , entre ses mains
royales , d'imaginaires forfaits , et l'on écrira
les mots de trahison et de cruauté sur la liste
de ses aumônes.

Nous touchons à cette époque fatale, où les
destinées de la France ne peuvent se retracer
qu'avec des caractères sanglans ; rejeté du char
de la révolution, dont il embarrassait la marche,
poussé par les flots du peuple hors des palais
de ses aïeux, Louis XVI , comme un des sau-
veurs de l'antique Rome, voulut s'offrir en victime aux nouveaux dieux de la patrie ; le gouffre
du sénat législatif lui était ouvert , il s'y jeta :
septembre et la république s'en élancèrent ;
tout fut détruit ; déjà le roi de France ne s'ap-
pelait plus que le prisonnier du temple.

Venez, enfans du siècle, venez voir comme
il sait porter des fers , celui que le poids d'un
sceptre semblait accabler. Le voilà devant vous

tel qu'il est sorti des mains de l'infortune, sans regretter ce qu'il perd, sans se plaindre de ce qu'il éprouve, sans s'effrayer de ce qu'il prévoit ; chaque nouvel arrêt du sort, le trouve armé d'une résignation nouvelle. Depuis long-temps son âme s'était formée pour d'autres espérances que pour celles du trône et du bonheur ; les événemens ne peuvent rien sur ses pensées habituelles, le calme de sa vie intérieure n'en est point troublé ; et s'il n'avait pas ajouté à ses prières du matin l'un de ces psaumes qu'on ne récite que pour les mourans, on aurait pu croire que son sort était resté le même.

Oh ! de quels tendres soins il environne sa malheureuse famille ; la reine a les premiers droits à sa tendresse, car elle est jugée par lui comme par les infortunés qu'elle a tant de fois secourus ; il semble trouver dans ses malheurs une nouvelle puissance d'aimer ; si la mort doit bientôt le séparer des êtres qui lui sont chers, il veut emporter dans un autre monde ces longs souvenirs, seuls bien de l'absence, et que les félicités du ciel ne font pas oublier. Hélas ! assez de présages avertissent ses illustres captifs, du sort qui leur et préparé. Quelquefois, une tête sanglante qu'on n'a pas défigurée, pour qu'ils en

reconnaissent les traits chéris, leur apparaît au
bout d'une pique, à travers les hautes ouver-
tures de leur cachot ; quelquefois, ivre de sang
et souillée de fange, la foule s'élance pour les
déchirer eux-mêmes ; et une écharpe tricolore,
étendue devant leur demeure, est la seule bar-
rière que la fureur du peuple n'ose pas franchir.
Élisabeth s'efforçait d'endormir sur ses genoux
le petit-fils de Marie-Thérèse, qu'elle voulait
dérober à ce spectacle d'horreur ; le monarque
inventait pour le jeune prince ces jeux de l'enfance qu'on s'étonne de rencontrer dans un
cachot ; plus souvent encore il lui faisait entendre de sages préceptes, et joignait les leçons
d'une austère morale à celles de l'infortune et de
la captivité ; il ne savait pas que ces paternelles
distractions lui seraient bientôt interdites. Un
jour qu'ils parcouraient ensemble l'Histoire
d'Angleterre, le nom de l'infortuné Charles
attira l'attention du dauphin ; Louis XVI s'en
aperçut et voulut écarter le livre des regards de
son fils. Pourquoi me priver de connaître l'Histoire de Charles Ier, dit le jeune prince ? et il
commença lui-même la lecture du triste récit.
Bientôt sa voix fut entre-coupée de sanglots, et
des pleurs inondèrent son visage ; il regardait

avec effroi les murs de sa prison, il croyait lire l'histoire de son père; une clarté funeste passait devant ses yeux; un roi mis à mort par des sujets rebelles lui expliquait enfin les larmes de sa mère et le désespoir de sa sœur : « *Le fils de* » *Charles a-t-il pu lui survivre ?* s'écria-t-il en » embrassant les genoux de Louis. — *Il est re-* » *monté sur le trône*, répondit le monarque, *et* » *ne vous souvenez jamais qu'il a vengé la mort* » *de son père* ».

Tout à coup un bruit sinistre se propage dans toute la France, et l'Europe entière en est consternée. Les princes étrangers commencent à croire qu'ils ont parlé trop tard de sauver Louis ; son existence rappelle un ordre de choses qui n'est plus, elle est un crime. C'est peu d'avoir renversé le trône, il faut le remplacer par un échafaud ; les flots de sang déjà versés ne peuvent suffire à porter le vaisseau de la république, si le sang du monarque ne s'y mêle pas ; la convention vient de le citer à son tribunal, pour s'y justifier de s'appeler Louis, d'avoir été roi ; celui dont la race s'était montrée sur tous les trônes de l'univers, le roi de France et de Navarre, le successeur de soixante-cinq monarques, est introduit par un licteur, dans cette même enceinte où il était venu naguère, se confier avec sa famille à la sauve-garde de l'hospitalité; les orateurs chargés de le défendre, *cherchent des juges et frémissent de ne rencontrer que des accusateurs;* mais au milieu de ces scandaleuses profanations, la gloire des diadèmes ne sera point compromise, le monarque a défié ses revers de se montrer plus grands que lui; ses plus farouches ennemis sont contraints de baisser la tête devant le calme et la sérénité de ses regards. Ce que Louis XVI avait de royal au fond de l'âme, ne ressemblait point à cette grandeur commune, que le premier souffle de l'adversité fait évanouir; sa couronne elle-même eût été moins imposante que l'auguste empreinte qu'elle avait laissée sur son front; son héroïsme avait besoin d'infortunes, comme celui des princes vulgaires de prospérités; et toutes ces splendeurs, toutes ces pompes, dont nous l'avons dépouillé, n'étaient qu'un voile éclatant qui nous dérobait le grand homme.

Prosternez-vous, rois de la terre, prosternez-vous devant celui que vous n'avez pu secourir, venez apprendre à tomber du trône; il en est parmi vous à qui cette leçon ne sera pas inutile. Et vous Français, vous qui n'êtes coupables que d'indifférence, vous qui rougissez d'associer votre nom à tant de fureurs, demandez à disposer du sort de votre roi, ne l'assassinez point par votre silence. Où sont parmi vous les infortunés dont il a fait couler les larmes ? Les proscrits dont il a signé l'exil ? Les rebelles qui se sont dérobés à sa clémence ? Si Franklin vous appela ses frères, si l'Océan ne se souvient plus de vos affronts, si la glèbe n'est plus sillonnée par le soc de la servitude, si la torture a cessé d'être admise comme témoin devant le tribunal des lois, si le fanatisme n'habite plus avec la religion, si vos hospices sont enfin devenus le véritable asile de la charité, si les cachots eux-mêmes, excepté celui de Louis XVI, se sont adoucis pour les malheureux qu'ils renferment, c'est lui, c'est votre infortuné monarque de qui vous tenez tous ces bienfaits : Philadelphie et la France les ont bénis ; vous les retrouvez sur le seuil de vos temples, parmi les trophées de la victoire, parmi les fêtes de la liberté. Si c'est pour vous dérober à votre reconnaissance que vous lui laissez donner la mort, il n'en exige pas. Français ! vous dont les ennemis de Louis XVI pro-

clament la souveraineté ! prouvez-lui votre
pouvoir par votre clémence, c'est l'usage qu'il
faisait du sien. Savez-vous dans quelles mains
vous allez tomber ? Savez-vous quelle hydre
de malheurs doit sortir du sang de vos rois ?
Savez-vous s'il est en votre puissance d'expier
le crime qui va se commettre ? Toute l'Europe
est en pleurs, tous les diadèmes ont chancelé ;
huit siècles de rois sont venus comparaître à
côté de leurs fils, devant le même sénat qui
s'apprête à juger leur cendre.... Non, l'affreux
parricide ne s'accomplira pas, vous ferez parler
vos larmes, vous qui avez souffert, vous qui
avez aimé, vous que les promesses de la fortune ont trahi ; cette famille, qui ne soupçon-
nait pas qu'on pût ajouter à sa misère, avant
que les jours de Louis fussent menacés, cette
famille jetée de naufrage en naufrage, vous
appellera ses libérateurs, vous ferez parler vos
larmes..... Vain espoir, l'orateur du monarque
a cessé de parler, Louis s'éloigne, ses défenseurs le suivent, l'épouvantable scrutin com-
mence ; les mots indulgens d'exil, de captivité
perpétuelle, de condamnation différée, sont à
peine entendus parmi les retentissemens de ces
voix funèbres, *la mort ! je prononce la mort !*

je ne vote que pour la mort ! Les opinions furent comptées ; une majorité de cinq voix condamnait Louis XVI à la peine de mort. Pas un de ses juges n'avait osé parler de l'absoudre ; ils étaient sept cent quarante-neuf ! L'enceinte régicide s'ouvre une seconde fois pour les défenseurs du monarque ; le vieux Malesherbes, presque à genoux, vient y montrer encore ses cheveux blancs et son désespoir : « *Retire-toi, vieillard, nous te pardonnons tes larmes,* » lui crie Robespierre ; et on lut dans ses regards le supplice de l'illustre magistrat, de ce mortel le plus vertueux de son siècle, si Louis XVI n'eût pas existé.

Fuyons, fuyons, pour n'y rentrer jamais, cette arène de toutes les erreurs et de tous les crimes, réfugions-nous dans les cachots de Louis XVI ; c'est près de lui, seulement près de lui, que le calme habite ; et tandis que ses ennemis pâlissaient de fureur au sein même de leurs triomphes, il cherchait à consoler avec une douceur céleste, le vénérable ami qui était venu lui annoncer l'arrêt de sa mort. C'était le dix-septième jour du mois de janvier, jour de la fête de son épouse. « *Cher Males-*

» *herbes*, disait le monarque, *votre douleur*
» *m'arrache des larmes ; quand toutes mes in-*
» *certitudes sont finies, pourquoi m'envier le*
» *seul asile qui me reste, le seul où nous puis-*
» *sions nous revoir ;* et cherchant à ramener un
» sourire sur les lèvres du désolé vieillard :
» *Dans mon enfance*, ajoutait-il, *on m'a sou-*
» *vent raconté que lorsqu'un prince de la maison*
» *de Bourbon devait mourir, on voyait se pro-*
» *mener une femme vêtue de blanc devant les*
» *galeries de Versailles ; mon cher Males-*
» *herbes, ne l'avez-vous pas rencontrée ?* »

Mais tous les devoirs de Louis XVI ne sont
pas remplis sur la terre ; un décret de la Convention lui permet de parler sans témoins à un
ministre des autels, et d'embrasser avant de
mourir son épouse et ses enfans ; c'est lui qui
veut les instruire de l'arrêt fatal, c'est lui qui
veut les entretenir de ce jour sans espoir, de
cette heure solennelle, qui s'avance pour les
séparer ; l'auguste famille est appelée dans le
cachot du monarque, et elle s'effraie de cette
faveur inattendue ; le calme de Louis ne la rassure pas ; il la conduit en silence vers l'endroit
le plus obscur de sa demeure. La reine et madame Elisabeth l'entourent de leurs bras ; le

jeune dauphin se place entre ses genoux, et
Madame royale baigne de pleurs les mains de
son père : « Mes enfans, mon épouse, ma
» sœur, leur dit-il, approchez-vous de moi,
» embrassez-moi, Dieu vous regardera dans sa
» miséricorde, puisque c'est à cause de moi
» que vous avez souffert ; vous, mon épouse,
» je vous prie de me pardonner les chagrins
» que je pourrais vous avoir causés pendant le
» cours de notre union ; je vous recommande
» nos enfans ; je les recommande aussi à ma
» sœur, et je veux qu'ils la regardent comme
» une seconde mère, si on les privait un jour
» de celle que Dieu leur a donnée ; je recom-
» mande à mon fils, s'il avait le malheur de
» devenir roi, de songer qu'il doit oublier toute
» haine, toute vengeance, et particulièrement
» tout ce qui a rapport aux infortunes que
» j'éprouve ; je lui recommande de faire le
» bonheur des Français ; et s'il en est parmi
» eux que j'aie offensés par inadvertence, car je
» ne me rappelle pas d'avoir fait volontairement
» aucune offense à personne, je les prie de me
» pardonner, comme je pardonne du fond de
» mon cœur à tous ceux qui se sont faits mes
» ennemis. Hélas ! il m'était bien doux de les

» appeler mon peuple, et prêt à paraître devant
» Dieu, je ne me trouve coupable d'aucun des
» crimes qu'ils ont avancés contre moi. »

Telles furent les paroles de Louis XVI, et nous les répétons en pleurant depuis qu'il n'est plus ; c'est avec ce langage de clémence et d'amour qu'il instruisait de son sort sa malheureuse famille ; et elle apprenait l'accomplissement du crime, parce qu'elle venait d'en entendre prononcer le pardon. Ce discours fut souvent interrompu par les sanglots du jeune prince et des illustres prisonnières ; Louis XVI n'avait pu s'empêcher d'y mêler les siens, et il ne recommençait de parler qu'après avoir essuyé les larmes de son épouse, de sa sœur, et de ses deux enfans. Leurs étreintes douloureuses se prolongèrent pendant sept quarts d'heure ; et lorsqu'un dernier regard du monarque avertit sa famille qu'il fallait enfin se séparer, leurs gémissemens furent entendus de toutes les demeures voisines. On ne saura jamais quels sont les derniers adieux que les infortunés s'adressèrent ; le seul témoin de cette scène déchirante qui soit resté sur la terre, Madame Royale, était évanouie.

Épouvanté de tant de douleurs, le jeune dauphin s'échappe un moment des mains de ses geoliers ; il s'enfuit éperdu le long des lugubres corridors, et va tomber à genoux devant le seuil de l'inexorable prison, en s'écriant : « *Condui-* » *sez-moi vers le peuple, afin que je lui de-* » *mande la grâce de mon père* ». Cesse, royal enfant, cesse de croire à la pitié des hommes ; ne verse pas inutilement toutes tes larmes, tu en auras bientôt besoin pour tes propres desti- nées ; l'infortune te réserve à des souffrances particulières, et tes afflictions deviendront si grandes, qu'elles forceront ta mère à se réjouir dans le ciel de la mort même de son fils.

Condamné à un odieux supplice, jamais la pensée d'échapper à ses bourreaux, par un tré- pas volontaire, n'approcha de la grande âme de Louis XVI ; ils osèrent lui en témoigner la crainte ; et levant vers le ciel un regard tout rayonnant d'avenir : « *Me croyez-vous assez* » *lâche*, leur dit-il, *pour ne plus me souvenir* » *que je suis chrétien ?* » Sublime parole d'un prince adorateur de Jésus-Christ, qui ne veut pas se soustraire à un affront, s'il doit lui en coûter une vertu ; quelque sévères que les dé- crets de la Providence lui paraissent, son devoir est de n'y rien changer. On le verra parcourir

tout entière cette route douloureuse, dont
l'extrémité est dans les cieux ; l'exemple de sa
mort est la seule chose dont il puisse désormais
disposer, et il n'ignore pas, que de tous les
souvenirs qu'un monarque laisse au monde,
celui de ses derniers instans doit être le plus
auguste. Lorsque Rome païenne condamnait
les chrétiens au supplice, ils ne la privèrent
jamais, en se donnant la mort, du spectacle de
leur martyre ; le trépas du juste ne saurait avoir
trop de témoins, et Louis XVI veut mourir en
présence de son peuple et de son Dieu, parce
que c'est ainsi qu'il a vécu.

Déjà finissait pour le monarque cette nuit
solitaire, qu'une ombre éternelle allait remplacer ; son sommeil avait été paisible : comme ces
héros de sa race, qu'il fallait réveiller sous leur
tente aux approches du combat, il se lève de
sa couche pour aller mourir ; le prêtre, qui
avait reçu ses derniers aveux, se prépare à
célébrer devant lui les mystères de notre sainte
religion ; le calice, le livre des prières sont dé-
posés sur l'informe autel que le monarque vient
d'élever lui-même ; lui-même a aidé le pontife
de Jésus-Christ à se revêtir de la robe de lin
et des ornemens de l'église ; le sacrifice com-

mencé; banni de tous ses temples, le Dieu des chrétiens est appelé sous les voûtes d'une obscure prison; il descend dans ces sombres demeures, que la présence et les malheurs de Louis ont depuis si long-temps sanctifiées; ses anges les plus purs l'environnent, et viennent contempler, dans tout l'éclat de ses humiliations et de ses misères, l'auguste mortel qui doit bientôt se rejoindre à eux; prosterné comme un simple pécheur aux pieds du ministre de la foi, le monarque abandonne son âme à cette exaltation religieuse, dont les terreurs de la mort ne peuvent approcher; il croit avoir quitté la terre, car il s'est déjà séparé de tout ce qu'il aimait; il voit couler sur l'autel le sang de Jésus-Christ, et ne se souvient plus qu'il touche à l'instant d'y mêler le sien; frappés d'une miraculeuse terreur, ses farouches geoliers reculent devant la majesté des saints mystères, et à l'aspect de tant de grandeur, d'infortune et de résignation, à l'aspect de cette tête royale dévouée à un si prochain martyre, le prêtre lui-même se trouble entre le Dieu qu'il invoque et la victime qui l'écoute.

Cependant les portes de la prison viennent de s'ouvrir avec un bruit sinistre; l'heure était sonnée; les licteurs étaient prêts, on n'attendait plus que le monarque. Lorsque sa prière fut terminée, il se leva, s'approcha de Clery, son fidèle serviteur, et lui dit : « *Clery, je suis con* » *tent de vos soins, vous remettrez ce cachet à* ». *mon fils, cet anneau et cette boucle de che-* » *veux à la Reine. J'avais promis à ma famille* » *de la revoir ce matin; mais elle a déjà tant* » *pleuré! Dites-lui que c'est avec peine que je* » *me refuse à ses derniers embrassemens.* » Se tournant alors vers le chef des licteurs, *marchons!* lui dit-il; et déjà cent mille hommes, couverts de leurs armes, se sont rangés autour du char fatal, pour qu'il ne s'écarte pas de sa route. Paris peut à peine suffire à ce vaste appareil de mort; nul citoyen n'a le droit de se montrer sur le seuil de sa porte, tout est pâle, tout est muet, la ville entière écoute ; ce fut la première fois, depuis qu'ils avaient fait tomber sa couronne, que les ennemis du monarque n'osèrent pas l'insulter ; ils s'arment de toutes parts contre la pitié d'un peuple façonné par eux à l'inclémence et à l'effroi; le sang qu'ils ont répandu ne les rassure pas; ils semblent craindre que tant de forfaits déjà commis ne puissent enfanter ce nouveau crime, et d'innombrables foudres d'airain viennent se ranger autour de l'échafaud de Louis, comme un dernier hommage de la terreur de ses bourreaux.

C'est au pied de la statue de son aïeul, près d'un monument qui porte son nom, devant ces mêmes palais où il accepta sa funeste couronne, que Louis XVI doit être immolé. La longue route est enfin parcourue; le char qui l'avait porté, ne renferme plus le monarque ; les héros de septembre s'élancent jusque sous la hache, afin que son sang dégoutte sur eux; et lui du haut de l'autel régicide s'apprête à laisser tomber, sur la multitude qui l'environne, des paroles de miséricorde et de paix; il veut placer entre la colère du ciel et sa chère France, les bénédictions de l'être qui va mourir; et après avoir interrogé son âme, il a trouvé l'holocauste assez éprouvé et assez pur, pour satisfaire seul à toutes les vengeances du Tout-Puissant.

Sujets fidèles qui vous recommandiez à ses prières, et qui cachiez vos larmes parmi la foule de ses meurtriers ; ministre de consolation et de piété sur qui s'appuyait Louis XVI pour achever de franchir l'intervalle qui sépare un trône d'un échafaud ; et toi, voûte céleste, dont il détache un moment ses regards pour les fixer avec amour sur son peuple, vous espériez encore pour l'infortuné, vous étiez dans l'attente de ses dernières paroles..... Mais ses ennemis s'épouvantèrent du nouveau pardon qu'il allait prononcer sur eux ; les accens du monarque s'éteignirent , dans les roulemens des tambours funèbres ; repoussées par les hommes, les indulgentes pensées de son âme se réfugièrent dans le sein de Dieu, et l'on ignore si c'est la voix du prêtre, ou la voix des anges, qui lui fit entendre ces mots sublimes : *Fils de saint Louis , montez au ciel.*

Vingt-cinq ans se sont écoulés , et la foule des peuples s'est précipitée une seconde fois vers cette même place du sacrifice, pour y être témoin d'un autre spectacle. La Providence avait besoin d'un quart de siècle, et du concours de toutes les nations, afin de préparer à la dernière heure de Louis XVI, une expiation digne d'elle; accourus des extrémités de l'univers, de puissans monarques se sont agenouillés sur une poussière dont le sang de nos rois n'avait pas encore été effacé; et pour que l'expiation ne manquât point de gloire, trois cent mille guerriers, naguère ennemis de la France,

ont déposé leur glaive autour de l'autel répa-
rateur ; pareil à ces chevaliers chrétiens qu'on
vit entrer dans les murs de Jérusalem avec
des gémissemens et des prières, et qui se dé-
pouillèrent de leurs armes sur le tombeau
même qu'ils étaient venus délivrer. La paix du
monde ne sera plus troublée ; car les mânes de
Louis XVI en ont reçu le serment, et ils ont
été consolés. J'ai assisté à cette promesse sublime ; j'ai vu les larmes des rois étrangers
se mêler, dans la même urne, aux larmes
toutes puissantes du repentir et de la religion ;
j'ai vu s'incliner, devant la majesté d'un souvenir, les drapeaux de l'Elbe, du Danube et
de la Newa ; j'ai vu les prêtres du Seigneur ,
étendre leurs mains sacerdotales vers les murs
de la coupable cité ; l'hostie sainte , toute
radieuse des feux du soleil, s'élever dans les
airs comme un astre de réconciliation et de
clémence ; et les pardons du ciel, descendre
parmi nous, avec l'oubli de nos malheurs,
d'intarrissables espérances, et la famille de
Louis.

FIN.

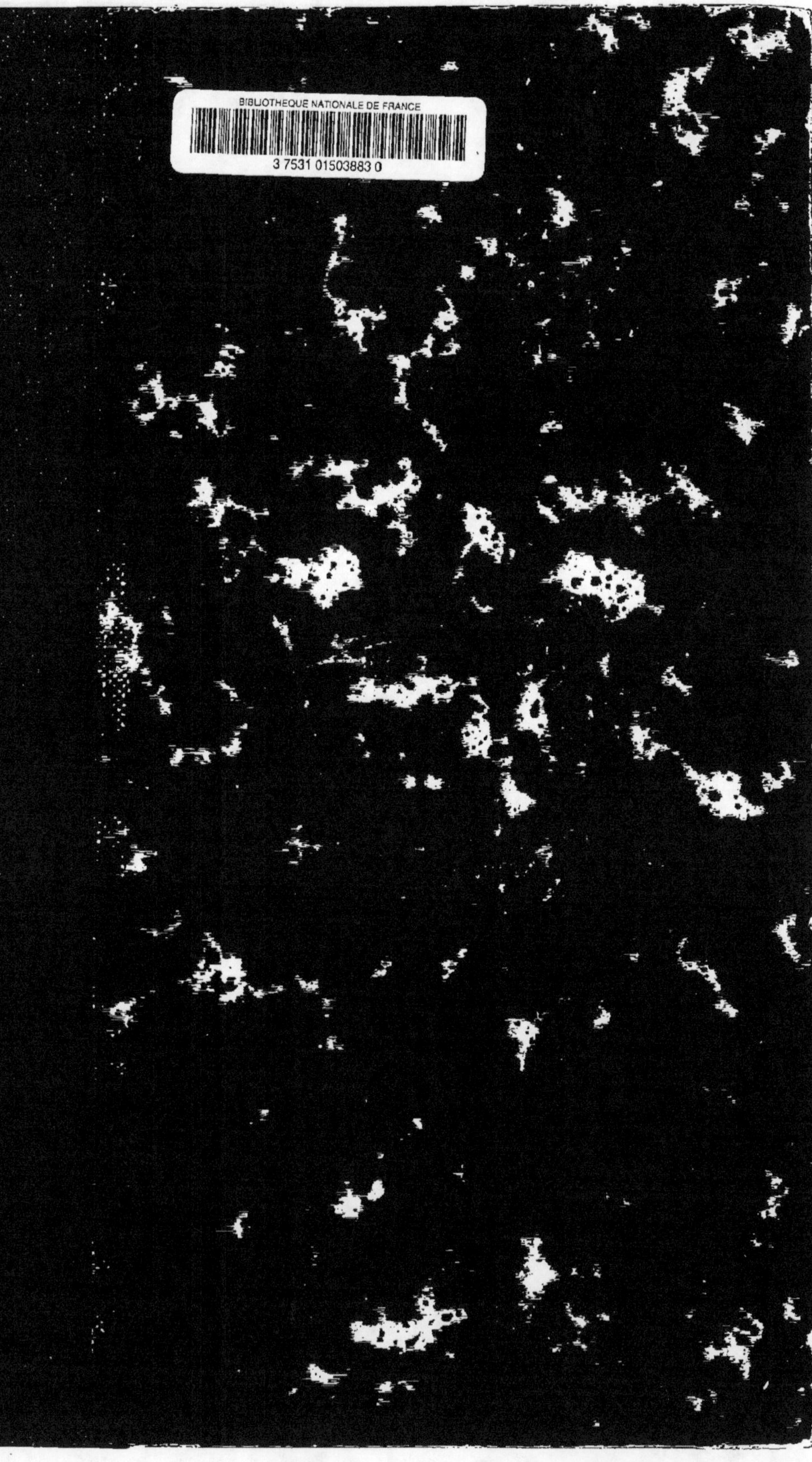